Hallo! Ich bin Anoki. Für jede Seite, die du fertig bearbeitet hast, malst du ein Kanu aus.

1

2 + 2 + 2 =   5 + 5 =   3 + 3 + 3 =   3 + 3 + 3 + 3 + 3 =

3 · 2 =   2 · 5 =   3 · 3 =   5 · 3 =

2

10 + 10 =   ___ + ___ + ___ =   ___ + ___ =   ___ + ___ + ___ + ___ =

2 · 10 =   ___ · ___ =   ___ · ___ =   ___ · ___ =

3

___ + ___ + ___ + ___ =   ___ + ___ + ___ + ___ =   ___ + ___ + ___ =

___ · ___ =   ___ · ___ =   ___ · ___ =

Malnehmen

1

4 + 4 + 4 + 4 = 16
4 · 4 = 16

3 + 3 =
2 · 3 =

4 + 4 + 4 + 4 + 4 =
5 · 4 =

2 + 2 + 2 + 2 =
4 · 2 =

5 + 5 + 5 =
3 · 5 =

2

5 + 5 + 5 + 5 + 5 =
· =

· =

· =

=
· =

=
· =

Malnehmen

3

1

4 + 4 = 8
2 · 4 = 8

2 · 4 =	3 · 2 =	1 · 4 =
5 · 1 =	4 · 2 =	4 · 4 =
2 · 3 =	4 · 1 =	2 · 2 =
5 · 4 =	3 · 5 =	1 · 3 =
2 · 5 =	4 · 3 =	1 · 5 =
5 · 3 =	3 · 4 =	3 · 3 =
2 · 1 =	3 · 1 =	5 · 5 =
5 · 2 =	4 · 5 =	1 · 4 =

2

 2 · 3 =

 3 · 2 =

4 · 5 =
5 · 4 =

5 · 3 =
3 · 5 =

6 · 3 =
3 · 6 =

2 · 4 =
4 · 2 =

Mini-Einmaleins – Tauschaufgaben

4

1

   2 · 5 =
         5 · _ =

   4 · 3 =
         _ · _ =

   3 · 5 =
         _ · _ =

         4 · 2 =
         _ · _ =

         5 · 4 =
         _ · _ =

2

   _ · _ =
   _ · _ =

   _ · _ =
         _ · _ =

   _ · _ =
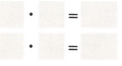   _ · _ =

 _ · _ =
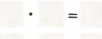 _ · _ =

 _ · _ =
         _ · _ =

Tauschaufgaben

M

Einmaleins mit 10

1
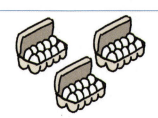
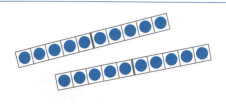

10 + ___ + ___ = ___

___ · ___ = ___

___ + ___ = ___

___ · ___ = ___

2

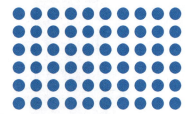

10 + 10 + 10 + 10 = ___

4 · ___ = ___

___ = ___

___ · ___ = ___

3
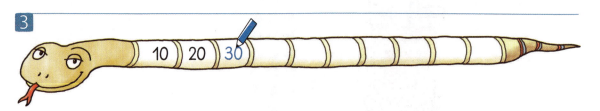

10 20 30

4

0 · 10 =
1 · 10 =
2 · 10 =
3 · 10 =
4 · 10 =
5 · 10 =
6 · 10 =
7 · 10 =
8 · 10 =
9 · 10 =
10 · 10 =

5

6

1

·10 →	
2	20
5	
10	
4	

·10 →	
6	
8	
1	
3	

·10 →	
1	10
	40
	100
	50

·10 →	
	90
	10
	70
	30

·10 →	
5	
10	
	10
	20

·10 →	
	90
7	
	60
4	

2

2 · 10 =   5 · 10 =   8 · 10 =   3 · 10 =   4 · 10 =   6 · 10 =

10 · 2 =   10 · 5 =   10 · 8 =   10 · 3 =   10 · 4 =   10 · 6 =

3

10 ·   = 30   10 ·   = 50   10 ·   = 70   10 ·   = 10   10 ·   = 90

    · 10 = 40   · 10 = 60   · 10 = 20   · 10 = 80   · 10 = 50

4

  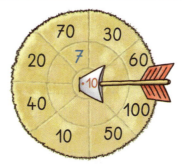 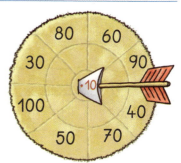

Einmaleins mit 10

M

Einmaleins mit 5

1

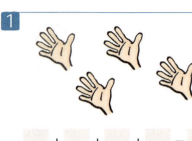  

___ + ___ + ___ + ___ = ___   ___ + ___ + ___ = ___   ___ + ___ = ___

___ · ___ = ___   ___ · ___ = ___   ___ · ___ = ___

2

5 + 5 + 5 = ___   ___ = ___   ___ = ___

3 · ___ = ___   ___ · ___ = ___   ___ · ___ = ___

3

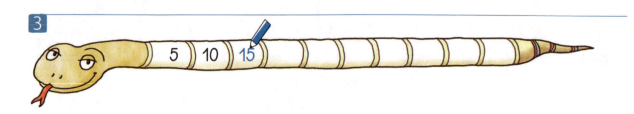

5 10 15

4

0 · 5 =
1 · 5 =
2 · 5 =
3 · 5 =
4 · 5 =
5 · 5 =
6 · 5 =
7 · 5 =
8 · 5 =
9 · 5 =
10 · 5 =

5

8

1

·5 →
4	20
2	
7	
10	

·5 →
8	
3	
9	
1	

·5 →
2	10
	30
	35
	5

·5 →
	15
	50
	5
	45

·5 →
8	
	20
9	
	25

·5 →
	40
5	
6	
	0

2

3 · 5 =   6 · 5 =   8 · 5 =   2 · 5 =   9 · 5 =   1 · 5 =
5 · 3 =   5 · 6 =   5 · 8 =   5 · 2 =   5 · 9 =   5 · 1 =

3

5 · = 50   5 · = 10   5 · = 35   5 · = 15   5 · = 20
 · 5 = 30   · 5 = 25   · 5 = 50   · 5 = 40   · 5 = 15

4

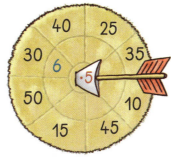
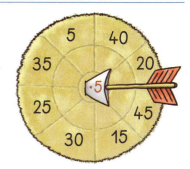

Einmaleins mit 5

M

Einmaleins mit 0 und 1

1
0 · 1 =
1 · 1 =
2 · 1 =
3 · 1 =
4 · 1 =
5 · 1 =
6 · 1 =
7 · 1 =
8 · 1 =
9 · 1 =
10 · 1 =

2
0 · 0 =
1 · 0 =
2 · 0 =
3 · 0 =
4 · 0 =
5 · 0 =
6 · 0 =
7 · 0 =
8 · 0 =
9 · 0 =
10 · 0 =

3
4 · ___ = 4
3 · ___ = 0
7 · ___ = 0
9 · ___ = 9
2 · ___ = 2
10 · ___ = 0
1 · ___ = 1
8 · ___ = 8
5 · ___ = 0
2 · ___ = 0
6 · ___ = 6

4
___ · 2 = 0
___ · 7 = 7
___ · 8 = 0
___ · 10 = 10
___ · 1 = 0
___ · 3 = 3
___ · 5 = 5
___ · 6 = 0
___ · 4 = 4
___ · 9 = 0
___ · 3 = 0

5

0	0
1	
2	
5	
10	

0	
1	
2	
5	
10	

6
3 · 1 =
7 · 1 =
9 · 1 =
4 · 1 =

2 · 0 =
5 · 0 =
8 · 0 =
6 · 0 =

1 · 8 =
1 · 5 =
1 · 2 =
1 · 6 =

0 · 3 =
0 · 7 =
0 · 9 =
0 · 4 =

10

1

Einmaleins mit 0	0	0							
Einmaleins mit 1	1	2							
Einmaleins mit 10	10	20							
Einmaleins mit 5	5	10							

2

 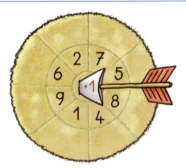  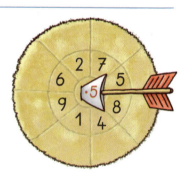

Einmaleins mit 1, 5, 10 und 0

3

3 · 10   5 · 7   7 · 0   1 · 8   7 · 5   30

35   0   8 · 1   10 · 3   8   0 · 7

Einmaleins mit 2

1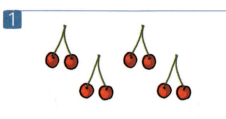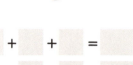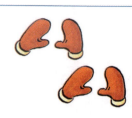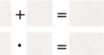

☐ + ☐ + ☐ = ☐   ☐ + ☐ + ☐ = ☐   ☐ + ☐ = ☐
☐ · ☐ = ☐   ☐ · ☐ = ☐   ☐ · ☐ = ☐

2

2+2+2+2+2 = ☐   ☐ = ☐   ☐ = ☐
5 · ☐ = ☐   ☐ · ☐ = ☐   ☐ · ☐ = ☐

3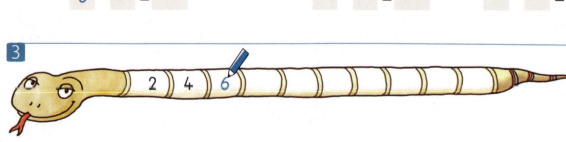

2 4 6

4
0 · 2 =
1 · 2 =
2 · 2 =
3 · 2 =
4 · 2 =
5 · 2 =
6 · 2 =
7 · 2 =
8 · 2 =
9 · 2 =
10 · 2 =

5

12

1

·2	
3	6
4	
8	
6	

·2	
2	
1	
7	
10	

·2	
9	18
	4
	14
	20

·2	
	6
	10
	2
	12

·2	
	14
4	
	6
9	

·2	
5	
	16
	8
9	

2

4 · 2 =   6 · 2 =   8 · 2 =   9 · 2 =   3 · 2 =   7 · 2 =

2 · 4 =   2 · 6 =   2 · 8 =   2 · 9 =   2 · 3 =   2 · 7 =

3

2 ·   = 14   2 ·   = 18   2 ·   = 8   2 ·   = 10   2 ·   = 0

    · 2 = 12   · 2 = 10   · 2 = 6   · 2 = 20   · 2 = 2

4

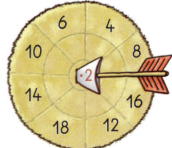

Einmaleins mit 2

13

Verdoppeln

1

6+6= 12	5+5=	7+7=	8+8=	1+1=	3+3=
2·6= 12	2·5=	2·7=	2·8=	2·1=	2·3=
2+2=	4+4=	10+10=	0+0=	9+9=	
2·2=	2·4=	2·10=	2·0=	2·9=	

2

2·2= 4	2·3=	2·2=	3·2=
2·4=	2·4=	4·2=	4·2=
2·8=	2·7=	8·2=	7·2=
2·3=	2·5=	3·2=	5·2=
2·6=	2·2=	6·2=	2·2=
2·9=	2·7=	9·2=	7·2=

3

2·3=	2·4=	2·5=	2·1=	2·2=	2·0=
2·6=	2·8=	2·10=	2·2=	2·4=	2·1=

4

·	0	1	3	4		7	8	9	
2	0		4		10	12			20

·	2	4	8
2			

14

1

3 · 2 = 6	2 · 5 =	2 · 10 =	4 · 2 =	8 · 5 =	6 · 10 =
2 · 3 = 6	5 · 2 =	10 · 2 =	2 · 4 =	5 · 8 =	10 · 6 =
7 · 2 =	6 · 5 =	3 · 10 =	9 · 2 =	1 · 5 =	2 · 10 =
2 · 7 =	5 · 6 =	10 · 3 =	2 · 9 =	5 · 1 =	10 · 2 =

2

1 · 2 =	1 · 4 =	1 · 6 =	1 · 8 =	1 · 1 =
2 · 2 =	2 · 4 =	2 · 6 =	2 · 8 =	2 · 1 =
5 · 2 =	5 · 4 =	5 · 6 =	5 · 8 =	5 · 1 =
10 · 2 =	10 · 4 =	10 · 6 =	10 · 8 =	10 · 1 =

3

1 · 3 =	1 · 5 =	1 · 9 =	1 · 7 =	1 · 10 =
2 · 3 =	2 · 5 =	2 · 9 =	2 · 7 =	2 · 10 =
5 · 3 =	5 · 5 =	5 · 9 =	5 · 7 =	5 · 10 =
10 · 3 =	10 · 5 =	10 · 9 =	10 · 7 =	10 · 10 =

Tausch- und Kernaufgaben

1

●●●●   2 · 4 = ☐   ●●●●●   2 · 5 = ☐   ●●●●   3 · 4 = ☐
●●●●   8 : 4 = ☐   ●●●●●   10 : 5 = ☐   ●●●●   12 : 4 = ☐
                                 ●●●●

Umkehraufgaben

2

2 · 3 =	2 · 5 =	7 · 2 =
6 : 3 =	10 : 5 =	14 : 2 =
5 · 3 =	1 · 4 =	2 · 6 =
15 : 3 =	4 : 4 =	12 : 6 =
2 · 2 =	3 · 2 =	3 · 4 =
4 : 2 =	6 : 2 =	12 : 4 =
5 · 5 =	4 · 5 =	4 · 2 =
25 : 5 =	20 : 5 =	8 : 2 =
5 · 2 =	4 · 4 =	3 · 5 =
10 : 2 =	16 : 4 =	15 : 5 =
6 · 4 =	3 · 3 =	3 · 6 =
24 : 4 =	9 : 3 =	18 : 6 =

3

12 : 2 =	8 : 2 =	20 : 2 =
6 · 2 =	4 · 2 =	10 · 2 =
12 : 3 =	12 : 4 =	10 : 5 =
4 · 3 =	3 · 4 =	2 · 5 =
15 : 5 =	18 : 6 =	18 : 9 =
3 · 5 =	3 · 6 =	2 · 9 =
9 : 3 =	12 : 6 =	20 : 4 =
3 · 3 =	2 · 6 =	5 · 4 =
8 : 4 =	20 : 5 =	14 : 2 =
2 · 4 =	4 · 5 =	7 · 2 =
14 : 7 =	16 : 8 =	15 : 3 =
2 · 7 =	2 · 8 =	5 · 3 =

16

M

Einmaleins mit 4

1

4 + 4 = ___   ___ + ___ = ___   ___ + ___ + ___ = ___
2 · 4 = ___   ___ · ___ = ___   ___ · ___ = ___

2

4 + 4 + 4 = ___   ___ = ___   ___ = ___
3 · 4 = ___   ___ · ___ = ___   ___ · ___ = ___

3

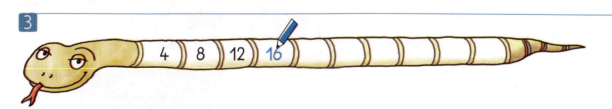

4 8 12 16

4

0 · 4 = ___
1 · 4 = ___
2 · 4 = ___
3 · 4 = ___
4 · 4 = ___
5 · 4 = ___
6 · 4 = ___
7 · 4 = ___
8 · 4 = ___
9 · 4 = ___
10 · 4 = ___

5

26 12
28   8
         27
15 14
     34 36
24   42

18

1

 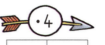 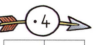

2	8
5	
10	

3	
7	
5	

4	
3	
7	

9	
1	
0	

3	
6	
9	

8	
4	
2	

2

5 · 4 =   1 · 4 =   5 · 4 =   5 · 4 =   10 · 4 =   10 · 4 =
1 · 4 =   2 · 4 =   2 · 4 =   1 · 4 =   1 · 4 =   2 · 4 =
6 · 4 =   3 · 4 =   7 · 4 =   4 · 4 =   9 · 4 =   8 · 4 =

3

4 · 5 =   4 · 2 =   4 · 0 =   4 · 6 =   4 · 1 =   4 · 7 =
5 · 4 =   2 · 4 =   0 · 4 =   6 · 4 =   1 · 4 =   7 · 4 =

4

Einmaleins mit 4

19

1

3 · 2 = ☐	8 · 2 = ☐	4 · 2 = ☐	7 · 2 = ☐
3 · 4 = ☐	8 · 4 = ☐	4 · 4 = ☐	7 · 4 = ☐
☐ · 2 = 4	☐ · 2 = 18	☐ · 2 = 12	☐ · 2 = 20
☐ · 4 = 8	☐ · 4 = 36	☐ · 4 = 24	☐ · 4 = 40

2

2 · 5 = ☐	2 · 7 = ☐	2 · 1 = ☐	2 · 6 = ☐
4 · 5 = ☐	4 · 7 = ☐	4 · 1 = ☐	4 · 6 = ☐
2 · ☐ = 4	2 · ☐ = 6	2 · ☐ = 16	2 · ☐ = 18
4 · ☐ = 8	4 · ☐ = 12	4 · ☐ = 32	4 · ☐ = 36

3

10	40
7	
3	
6	

5	
9	
2	
8	

7	28
	4
	16
	0

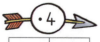

	20
	32
	8
	36

Einmaleins mit 2 und 4

4

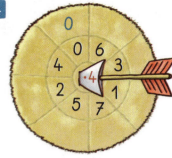

20

1

6 · 4 =	4 · 4 =	8 · 4 =	4 · 1 =	4 · 2 =	4 · 3 =
5 · 4 =	7 · 4 =	0 · 4 =	4 · 9 =	4 · 5 =	4 · 1 =
8 · 4 =	9 · 4 =	10 · 4 =	4 · 6 =	4 · 6 =	4 · 8 =

2

| 16 = ☐ · 4 | 8 = ☐ · 4 | 12 = ☐ · 4 | 4 = ☐ · 4 | 20 = ☐ · 4 | 0 = ☐ · 4 |
| 36 = ☐ · 4 | 28 = ☐ · 4 | 32 = ☐ · 4 | 24 = ☐ · 4 | 40 = ☐ · 4 | 8 = ☐ · 4 |

3

| 5 · 4 = | 3 · 4 = | 6 · 4 = | 10 · 4 = | 7 · 4 = | 2 · 4 = |
| 20 : 4 = | 12 : 4 = | 24 : 4 = | 40 : 4 = | 28 : 4 = | 8 : 4 = |

| 9 · 4 = | 1 · 4 = | 8 · 4 = | 4 · 4 = | 0 · 5 = |
| ☐ : 4 = 9 | ☐ : 4 = 1 | ☐ : 4 = 8 | ☐ : 4 = 4 | ☐ : 5 = 0 |

4

 Wie viele Beine haben die 4 Kühe zusammen?

Sie haben zusammen ☐ Beine.

 Wie viele Beine haben die 4 Ameisen zusammen?

Sie haben zusammen ☐ Beine.

Einmaleins mit 4

M

Einmaleins mit 8

1

8 + 8 + 8 =   + =   + + + =

3 · 8 =   · =   · =

2

8 + 8 =   =   =

2 · 8 =   · =   · =

3

 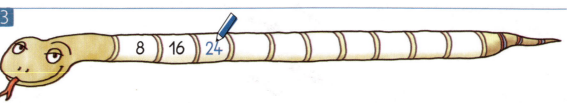

8 16 24

4

0 · 8 =
1 · 8 =
2 · 8 =
3 · 8 =
4 · 8 =
5 · 8 =
6 · 8 =
7 · 8 =
8 · 8 =
9 · 8 =
10 · 8 =

5

22

1

2	16
5	
10	

7	
3	
6	

2	
4	
9	

1	
5	
0	

3	
1	
5	

8	
6	
4	

2

5 · 8 =   1 · 8 =   5 · 8 =   3 · 8 =   1 · 8 =   10 · 8 =
1 · 8 =   2 · 8 =   2 · 8 =   2 · 8 =   9 · 8 =   8 · 8 =
6 · 8 =   3 · 8 =   7 · 8 =   1 · 8 =   10 · 8 =   2 · 8 =

3

8 · 9 =   8 · 6 =   8 · 1 =   8 · 3 =   8 · 4 =   8 · 0 =
9 · 8 =   6 · 8 =   1 · 8 =   3 · 8 =   4 · 8 =   0 · 8 =

4

9 · 8   32   8 · 2   72   8 · 4   2 · 8
16   4 · 8   5 · 8   40   8 · 9   8 · 5

Einmaleins mit 8

23

Einmaleins mit 4 und 8

1

5 · 4 =   7 · 4 =   2 · 4 =   6 · 4 =

5 · 8 =   7 · 8 =   2 · 8 =   6 · 8 =

☐ · 4 = 20   ☐ · 4 = 16   ☐ · 4 = 36   ☐ · 4 = 12

☐ · 8 = 40   ☐ · 8 = 32   ☐ · 8 = 72   ☐ · 8 = 24

2

4 · 6 =   4 · 9 =   4 · 10 =   4 · 7 =

8 · 6 =   8 · 9 =   8 · 10 =   8 · 7 =

4 · ☐ = 12   4 · ☐ = 32   4 · ☐ = 0   4 · ☐ = 8

8 · ☐ = 24   8 · ☐ = 64   8 · ☐ = 0   8 · ☐ = 16

3

· 8 →

2	
10	
6	
4	

· 8 →

5	
1	
8	
3	

· 8 →

64	
16	
72	
40	

· 8 →

32	
24	
80	
56	

4

24

1

7 · 8 =   8 · 8 =   6 · 8 =   8 · 4 =   8 · 5 =   8 · 1 =

3 · 8 =   2 · 8 =   5 · 8 =   8 · 2 =   8 · 6 =   8 · 3 =

9 · 8 =   0 · 8 =   1 · 8 =   8 · 9 =   8 · 8 =   8 · 7 =

2

32 =   · 8   16 =   · 8   40 =   · 8   0 =   · 8   72 =   · 8   0 =   · 4

64 =   · 8   80 =   · 8   48 =   · 8   24 =   · 8   56 =   · 8   0 =   · 8

3

6 · 8 =   2 · 8 =   9 · 8 =   7 · 8 =   5 · 8 =   1 · 8 =

48 : 8 =   16 : 8 =   72 : 8 =   56 : 8 =   40 : 8 =   8 : 8 =

3 · 8 =   0 · 8 =   7 · 8 =   8 · 8 =   4 · 4 =

   : 8 = 3   : 8 = 0   : 8 = 7   : 8 = 8   : 4 = 4

4

 Wie viele Beine haben die 2 Spinnen zusammen?

Sie haben zusammen   Beine.

 Wie viele Arme haben die 4 Kraken zusammen?

Sie haben zusammen   Arme.

Einmaleins mit 8

25

Einmaleins mit 2, 4 und 8

1

	2	④		6		8		

2 Zweierreihe
④ Viererreihe
8 Achterreihe

2
2 · 2 =
5 · 4 =
10 · 8 =

2 · 8 =
5 · 2 =
10 · 4 =

2 · 4 =
5 · 8 =
10 · 2 =

2 · 2 =
4 · 4 =
8 · 8 =

3
16 : 8 =
80 : 8 =
40 : 8 =

20 : 4 =
8 : 4 =
40 : 4 =

20 : 2 =
10 : 2 =
4 : 2 =

64 : 8 =
32 : 4 =
16 : 2 =

32 36
32 40

26

1

·	2	4	8
2			
5			
10			
8			

·	2	4	8
3			
6			
9			
7			

·	2	4	8
7			
1			
6			
3			

·	2	4	8
0			
2			
8			
5			

2

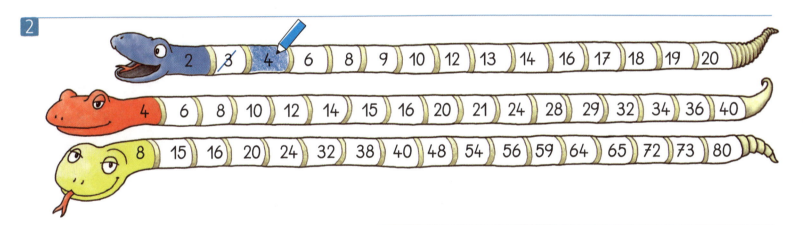

2 | 3̸ | 4 | 6 | 8 | 9 | 10 | 12 | 13 | 14 | 16 | 17 | 18 | 19 | 20

4 | 6 | 8 | 10 | 12 | 14 | 15 | 16 | 20 | 21 | 24 | 28 | 29 | 32 | 34 | 36 | 40

8 | 15 | 16 | 20 | 24 | 32 | 38 | 40 | 48 | 54 | 56 | 59 | 64 | 65 | 72 | 73 | 80

Einmaleins mit 2, 4 und 8

3

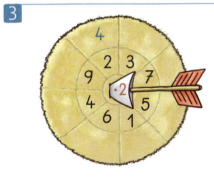

27

Einmaleins mit 2, 4 und 8

1

8	16	24	40	20	32
2 · 4	2 ·	3 ·	4 ·	2 ·	4 ·
4 ·	4 ·	4 ·	5 ·	4 ·	8 ·
8 ·	8 ·	8 ·	8 ·	5 ·	

2

3 · 2 =   9 · 2 =   8 · 2 =   2 · 2 =   8 · 2 =   4 · 2 =
3 · 4 =   9 · 4 =   8 · 4 =   4 · 4 =   4 · 4 =   2 · 4 =
3 · 8 =   9 · 8 =   8 · 8 =   8 · 8 =   2 · 8 =   1 · 8 =

3

☐ · 8 = 56   ☐ · 8 = 80   ☐ · 8 = 72   ☐ · 8 = 48   ☐ · 8 = 32   ☐ · 8 = 64
☐ · 4 = 32   ☐ · 4 = 8   ☐ · 4 = 36   ☐ · 4 = 16   ☐ · 4 = 28   ☐ · 4 = 4
☐ · 2 = 18   ☐ · 2 = 10   ☐ · 2 = 18   ☐ · 2 = 4   ☐ · 2 = 14   ☐ · 2 = 20

4

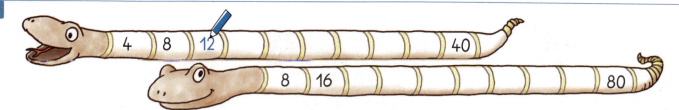

28

1

1 · 2 =	1 · 4 =	1 · 8 =
2 · 2 =	2 · 4 =	2 · 8 =
3 · 2 =	3 · 4 =	3 · 8 =
4 · 2 =	4 · 4 =	4 · 8 =
5 · 2 =	5 · 4 =	5 · 8 =
10 · 2 =	10 · 4 =	10 · 8 =

2

18 : 2 =	36 : 4 =	8 : 8 =
10 : 2 =	20 : 4 =	48 : 8 =
4 : 2 =	40 : 4 =	16 : 8 =
8 : 2 =	24 : 4 =	56 : 8 =
12 : 2 =	8 : 4 =	24 : 8 =
16 : 2 =	12 : 4 =	72 : 8 =

3

· 2: 3, 1, 5, 9, 2, 8, 4, 7

· 4: 2, 9, 4, 7, 5, 8, 6, 3

· 8: 5, 9, 8, 6, 2, 7, 3, 0

4

· 2: 8, 10, 2, 16, 12, 20, 6, 14

· 4: 24, 16, 28, 20, 36, 40, 12, 8

· 8: 40, 16, 56, 32, 64, 48, 8, 24

Einmaleins mit 2, 4 und 8

29

M

Einmaleins mit 3

1

3 + 3 + 3 =   ☐ + ☐ =   ☐ + ☐ + ☐ + ☐ =

3 · 3 =   ☐ · ☐ =   ☐ · ☐ =

2

                  (dot array)

☐ = ☐   ☐ = ☐   ☐ = ☐

☐ · ☐ =   ☐ · ☐ =   ☐ · ☐ =

3

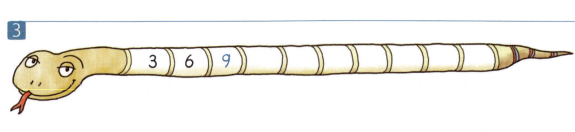

3 6 9

4

0 · 3 =
1 · 3 =
2 · 3 =
3 · 3 =
4 · 3 =
5 · 3 =
6 · 3 =
7 · 3 =
8 · 3 =
9 · 3 =
10 · 3 =

5

24 23 3
30 15
    19
9 12
11 35

30

1

2	
5	
10	

3	
7	
5	

4	
2	
6	

1	
9	
0	

3	
6	
9	

8	
2	
10	

2

5 · 3 =   1 · 3 =   5 · 3 =   5 · 3 =   10 · 3 =   10 · 3 =

1 · 3 =   2 · 3 =   2 · 3 =   1 · 3 =   1 · 3 =   2 · 3 =

6 · 3 =   3 · 3 =   7 · 3 =   4 · 3 =   9 · 3 =   8 · 3 =

3

3 · 9 =   3 · 5 =   3 · 2 =   3 · 6 =   3 · 10 =   3 · 7 =

9 · 3 =   5 · 3 =   2 · 3 =   6 · 3 =   10 · 3 =   7 · 3 =

4

5 · 3   8 · 3   7 · 3   24   15   3 · 6

3 · 7   6 · 3   3 · 8   3 · 5   18   21

Einmaleins mit 3

31

1

9 · 3 =	7 · 3 =	5 · 3 =	2 · 3 =
3 · 9 =	3 · 7 =	3 · 5 =	3 · 2 =
4 · 3 =	8 · 3 =	6 · 3 =	0 · 3 =
3 · 4 =	3 · 8 =	3 · 6 =	3 · 0 =

2

3 · ☐ = 12	3 · ☐ = 6	3 · ☐ = 24	3 · ☐ = 27
3 · ☐ = 18	3 · ☐ = 30	3 · ☐ = 9	3 · ☐ = 0
☐ · 3 = 21	☐ · 3 = 18	☐ · 3 = 6	☐ · 3 = 15
☐ · 3 = 27	☐ · 3 = 9	☐ · 3 = 3	☐ · 3 = 24

3

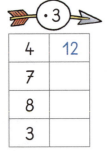

· 3	
4	12
7	
8	
3	

· 3	
6	
1	
5	
9	

· 3	
2	6
	18
	30
	27

· 3	
	9
	15
	21
	24

4

Einmaleins mit 8

32

M — Einmaleins mit 3

1
8 · 3 =	3 · 3 =	0 · 3 =	3 · 9 =	3 · 5 =	3 · 7 =
2 · 3 =	6 · 3 =	4 · 3 =	3 · 2 =	3 · 1 =	3 · 6 =
7 · 3 =	1 · 3 =	5 · 3 =	3 · 4 =	3 · 0 =	3 · 8 =

2
| 15 = ☐ · 3 | 6 = ☐ · 3 | 12 = ☐ · 3 | 9 = ☐ · 3 | 0 = ☐ · 3 | 21 = ☐ · 3 |
| 27 = ☐ · 3 | 18 = ☐ · 3 | 30 = ☐ · 3 | 24 = ☐ · 3 | 3 = ☐ · 3 | 6 = ☐ · 3 |

3
| 6 · 3 = | 9 · 3 = | 8 · 3 = | 4 · 3 = | 5 · 3 = | 10 · 3 = |
| 18 : 3 = | 27 : 3 = | 24 : 3 = | 12 : 3 = | 15 : 3 = | 30 : 3 = |

| 7 · 3 = | 2 · 3 = | 0 · 3 = | 3 · 3 = | 1 · 3 = |
| ☐ : 3 = 7 | ☐ : 3 = 2 | ☐ : 3 = 0 | ☐ : 3 = 3 | ☐ : 3 = 1 |

4

Wie viele Perlen sind es zusammen?

Es sind zusammen ☐ Perlen.

Wie viele Ballons sind es zusammen?

Es sind zusammen ☐ Ballons.

M

Einmaleins mit 6

1

6 + 6 =   __ + __ + __ + __ =   __ + __ + __ =
2 · 6 =   __ · __ =   __ · __ =

2

__ = __   __ = __   __ = __
__ · __ = __   __ · __ = __   __ · __ = __

3
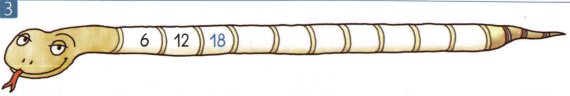

6 12 18

4
0 · 6 =
1 · 6 =
2 · 6 =
3 · 6 =
4 · 6 =
5 · 6 =
6 · 6 =
7 · 6 =
8 · 6 =
9 · 6 =
10 · 6 =

5

48 27 12
30 20 9
   36 8
64   24

34

1

·6	
2	
5	
10	

·6	
6	
8	
2	

·6	
4	
9	
3	

·6	
1	
0	
7	

·6	
8	
10	
3	

·6	
5	
1	
6	

2

2 · 6 =   2 · 6 =   1 · 6 =   5 · 6 =   10 · 6 =   7 · 6 =
1 · 6 =   5 · 6 =   4 · 6 =   1 · 6 =   9 · 6 =   2 · 6 =
6 · 6 =   7 · 6 =   5 · 6 =   6 · 6 =   1 · 6 =   5 · 6 =

3

6 · 7 =   6 · 4 =   6 · 3 =   6 · 8 =   6 · 5 =   6 · 9 =
7 · 6 =   4 · 6 =   3 · 6 =   8 · 6 =   5 · 6 =   9 · 6 =

4

2·6   6·7   5·6   12   42   30
3·6   6·5   6·2   7·6   6·3   18

Einmaleins mit 6

35

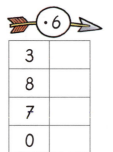
Einmaleins mit 3 und 6

1
3 · 3 = ☐   6 · 3 = ☐   9 · 3 = ☐   0 · 3 = ☐

3 · 6 = ☐   6 · 6 = ☐   9 · 6 = ☐   0 · 6 = ☐

☐ · 3 = 24   ☐ · 3 = 15   ☐ · 3 = 12   ☐ · 3 = 6

☐ · 6 = 48   ☐ · 6 = 30   ☐ · 6 = 24   ☐ · 6 = 12

2
3 · 7 = ☐   3 · 2 = ☐   3 · 5 = ☐   3 · 10 = ☐

6 · 7 = ☐   6 · 2 = ☐   6 · 5 = ☐   6 · 10 = ☐

3 · ☐ = 18   3 · ☐ = 9   3 · ☐ = 24   3 · ☐ = 27

6 · ☐ = 36   6 · ☐ = 18   6 · ☐ = 48   6 · ☐ = 54

3

·6 →		·6 →		·6 →		·6 →	
3		5		54		12	
8		1		24		42	
7		2		60		18	
0		6		30		48	

4
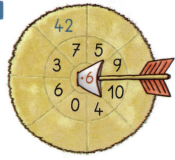

36

1

9 · 6 =   3 · 6 =   1 · 6 =   6 · 2 =   6 · 9 =   6 · 4 =
8 · 6 =   5 · 6 =   10 · 6 =   6 · 3 =   6 · 5 =   6 · 0 =
2 · 6 =   4 · 6 =   7 · 6 =   6 · 6 =   6 · 7 =   6 · 1 =

2

12 =   · 6   6 =   · 6   54 =   · 6   18 =   · 6   0 =   · 6   42 =   · 6
24 =   · 6   60 =   · 6   30 =   · 6   48 =   · 6   36 =   · 6   12 =   · 6

3

2 · 6 =   5 · 6 =   4 · 6 =   8 · 6 =   10 · 6 =   1 · 6 =
12 : 6 =   30 : 6 =   24 : 6 =   48 : 6 =   60 : 6 =   6 : 6 =

3 · 6 =   7 · 6 =   9 · 6 =   0 · 6 =   6 · 6 =
   : 6 = 3   : 6 = 7   : 6 = 9   : 6 = 0   : 6 = 6

4

Wie viele Äpfel sind es zusammen?

Es sind zusammen   Äpfel.

Wie viele Eier sind es zusammen?

Es sind zusammen   Eier.

Einmaleins mit 6

37

M

Einmaleins mit 9

1

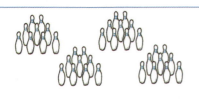 

9 + 9 + 9 + 9 =   ___ + ___ + ___ =   ___ + ___ =

4 · 9 =   ___ · ___ =   ___ · ___ =

2

___ = ___   ___ = ___   ___ = ___

___ · ___ = ___   ___ · ___ = ___   ___ · ___ = ___

3

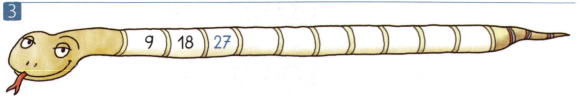

9   18   27

4

0 · 9 =
1 · 9 =
2 · 9 =
3 · 9 =
4 · 9 =
5 · 9 =
6 · 9 =
7 · 9 =
8 · 9 =
9 · 9 =
10 · 9 =

5

49 27 72 9
    19
63   11
    29
45 93

38

1

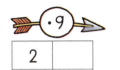

2	
10	
7	

8	
5	
3	

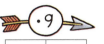

4	
6	
9	

3	
0	
1	

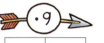

6	
5	
10	

7	
8	
9	

2

7 · 9 =   2 · 9 =   5 · 9 =   3 · 9 =   10 · 9 =   4 · 9 =

5 · 9 =   1 · 9 =   4 · 9 =   4 · 9 =   9 · 9 =   3 · 9 =

2 · 9 =   3 · 9 =   1 · 9 =   7 · 9 =   1 · 9 =   1 · 9 =

3

9 · 3 =   9 · 6 =   9 · 1 =   9 · 5 =   9 · 10 =   9 · 4 =

3 · 9 =   6 · 9 =   1 · 9 =   5 · 9 =   10 · 9 =   4 · 9 =

4

 9·5   3·9   27   6·9   54   9·7

9·3   45   5·9   7·9   63   9·6

Einmaleins mit 9

39

1

3 · 3 = ☐   8 · 3 = ☐   4 · 3 = ☐   7 · 3 = ☐

3 · 9 = ☐   8 · 9 = ☐   4 · 9 = ☐   7 · 9 = ☐

☐ · 3 = 27   ☐ · 3 = 3   ☐ · 3 = 30   ☐ · 3 = 24

☐ · 9 = 81   ☐ · 9 = 9   ☐ · 9 = 90   ☐ · 9 = 72

2

3 · 5 = ☐   3 · 1 = ☐   3 · 6 = ☐   3 · 2 = ☐

9 · 5 = ☐   9 · 1 = ☐   9 · 6 = ☐   9 · 2 = ☐

3 · ☐ = 12   3 · ☐ = 0   3 · ☐ = 15   3 · ☐ = 21

9 · ☐ = 36   9 · ☐ = 0   9 · ☐ = 45   9 · ☐ = 63

3

7	
0	
2	
8	

4	
6	
9	
3	

45	
54	
27	
72	

90	
0	
63	
9	

4

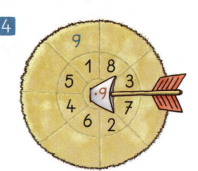

Einmaleins mit 3 und 9

40

M

1

5 · 9 =	3 · 9 =	10 · 9 =	9 · 1 =	9 · 6 =	9 · 3 =
6 · 9 =	1 · 9 =	4 · 9 =	9 · 5 =	9 · 7 =	9 · 4 =
2 · 9 =	0 · 9 =	7 · 9 =	9 · 8 =	9 · 2 =	9 · 9 =

2

| 27 = ☐ · 9 | 54 = ☐ · 9 | 81 = ☐ · 9 | 36 = ☐ · 9 | 90 = ☐ · 9 | 0 = ☐ · 9 |
| 18 = ☐ · 9 | 72 = ☐ · 9 | 9 = ☐ · 9 | 45 = ☐ · 9 | 27 = ☐ · 9 | 63 = ☐ · 9 |

3

| 5 · 9 = | 8 · 9 = | 3 · 9 = | 1 · 9 = | 9 · 9 = | 6 · 9 = |
| 45 : 9 = | 72 : 9 = | 27 : 9 = | 9 : 9 = | 81 : 9 = | 54 : 9 = |

| 2 · 9 = | 0 · 9 = | 10 · 9 = | 4 · 9 = | 7 · 9 = |
| ☐ : 9 = 2 | ☐ : 9 = 0 | ☐ : 9 = 10 | ☐ : 9 = 4 | ☐ : 9 = 7 |

4

Wie viele Zitronen sind es zusammen?

Es sind zusammen ☐ Zitronen.

Wie viele Pralinen sind es zusammen?

Es sind zusammen ☐ Pralinen.

Einmaleins mit 9

Einmaleins mit 3, 6 und 9

1

		3			⑥		9	

 3 Dreierreihe

 ⑥ Sechserreihe

9 Neunerreihe

2
2 · 3 =
5 · 6 =
10 · 9 =

2 · 6 =
5 · 9 =
10 · 3 =

2 · 9 =
5 · 3 =
10 · 6 =

3 · 3 =
6 · 6 =
9 · 9 =

3
90 : 9 =
45 : 9 =
18 : 9 =

12 : 6 =
60 : 6 =
30 : 6 =

15 : 3 =
6 : 3 =
30 : 3 =

36 : 6 =
81 : 9 =
9 : 3 =

42

1

·	3	6	9
3			
6			
9			
7			

·	3	6	9
5			
2			
8			
1			

·	3	6	9
3			
10			
6			
2			

·	3	6	9
4			
0			
7			
9			

2

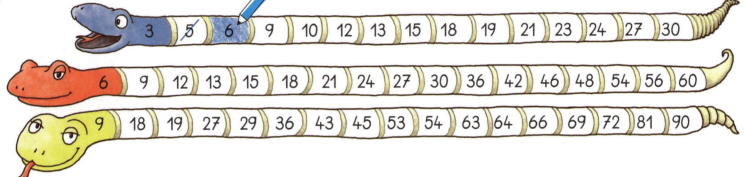

3

Einmaleins mit 3, 6 und 9

43

1

18	24	12	36	30	27
3 · 6	3 ·	3 ·	4 ·	3 ·	3 ·
6 ·	6 ·	4 ·	6 ·	5 ·	9 ·
9 ·	8 ·	6 ·	9 ·	6 ·	

2

4 · 3 =   5 · 3 =   9 · 3 =   3 · 3 =   8 · 3 =   5 · 3 =

4 · 6 =   5 · 6 =   9 · 6 =   6 · 6 =   5 · 6 =   3 · 6 =

4 · 9 =   5 · 9 =   9 · 9 =   9 · 9 =   3 · 9 =   2 · 9 =

3

__ · 9 = 27   __ · 9 = 18   __ · 9 = 45   __ · 9 = 81   __ · 9 = 63   __ · 9 = 72

__ · 6 = 24   __ · 6 = 30   __ · 6 = 48   __ · 6 = 42   __ · 6 = 36   __ · 6 = 54

__ · 3 = 12   __ · 3 = 24   __ · 3 = 18   __ · 3 = 6   __ · 3 = 27   __ · 3 = 21

4

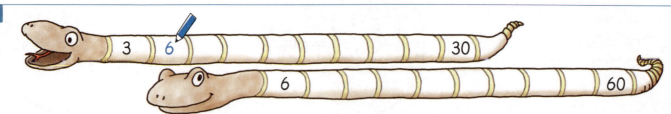

44

1

1 · 3 =	1 · 6 =	1 · 9 =
2 · 3 =	2 · 6 =	2 · 9 =
3 · 3 =	3 · 6 =	3 · 9 =
4 · 3 =	4 · 6 =	4 · 9 =
5 · 3 =	5 · 6 =	5 · 9 =
10 · 3 =	10 · 6 =	10 · 9 =

2

15 : 3 =	24 : 6 =	27 : 9 =
24 : 3 =	12 : 6 =	81 : 9 =
27 : 3 =	18 : 6 =	45 : 9 =
21 : 3 =	48 : 6 =	18 : 9 =
12 : 3 =	60 : 6 =	90 : 9 =
18 : 3 =	30 : 6 =	36 : 9 =

3

·3 → : 9, 2, 8, 5, 6, 7, 4, 1

·6 → : 5, 7, 3, 4, 9, 2, 10, 6

·9 → : 5, 9, 4, 1, 3, 8, 6, 7

4

·3 → : 15, 3, 18, 9, 27, 21, 0, 30

·6 → : 12, 24, 60, 42, 54, 36, 48, 6

·9 → : 18, 45, 63, 9, 81, 0, 36, 54

Einmaleins mit 3, 6 und 9

45

Aufgabenfamilien

4 — 5 — 20
4 · 5 =
5 · 4 =
20 : 4 =
20 : 5 =

2 — 7 — 14
2 · 7 =
· =
14 : 2 =
: =

4 — 6
4 · 6 =
· =
: =
: =

2 — 10
2 · 10 =
· =
: =
: =

3 — 4 — 12
3 · 4 =
4 · 3 =
12 : 3 =
12 : 4 =

2 — 5 — 10
2 · 5 =
· =
10 : 2 =
: =

2 — 8
· =
· =
: =
: =

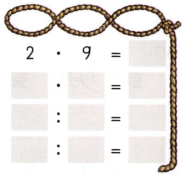
· =
2 · 9 =
· =
: =
: =

2 — 6 — 12
2 · 6 =
6 · 2 =
12 : 2 =
12 : 6 =

3 — 5 — 15
3 · 5 =
· =
15 : 3 =
· =

3 — 6
· =
· =
: =
: =

5 · 6 =
· =
: =
: =

46

Zahl der Achterreihe zwischen 20 und 30:
Zahl der Neunerreihe mit Einerziffer 1:
Zahlen der Zweierreihe mit Einerziffer 0:
Zahlen der Dreierreihe, die auch in der Sechserreihe vorkommen:

M

1

7 + 7 = ☐   ☐ + ☐ + ☐ + ☐ = ☐   ☐ + ☐ + ☐ = ☐

2 · 7 = ☐   ☐ · ☐ = ☐   ☐ · ☐ = ☐

2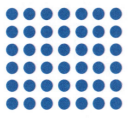

7 + 7 + 7 + 7 + 7 + 7 = ☐   ☐ = ☐

6 · 7 = ☐   ☐ · ☐ = ☐

3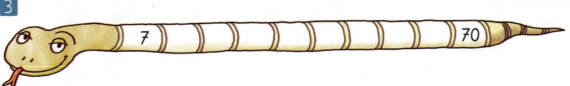

7 … 70

4

0 · 7 = ☐
1 · 7 = ☐
2 · 7 = ☐
3 · 7 = ☐
4 · 7 = ☐
5 · 7 = ☐
6 · 7 = ☐
7 · 7 = ☐
8 · 7 = ☐
9 · 7 = ☐
10 · 7 = ☐

5

Einmaleins mit 7

48

1

·7 →		·7 →		·7 →		·7 →		·7 →		·7 →	
2		3		7		9		3		0	
5		5		6		10		6		7	
10		8		1		4		9		8	

2

1 · 7 =   5 · 7 =   9 · 7 =   8 · 7 =   10 · 7 =   5 · 7 =

2 · 7 =   2 · 7 =   1 · 7 =   2 · 7 =   8 · 7 =   1 · 7 =

3 · 7 =   7 · 7 =   10 · 7 =   6 · 7 =   2 · 7 =   6 · 7 =

3

7 · 6 =   7 · 3 =   7 · 1 =   7 · 4 =   7 · 9 =   7 · 8 =

6 · 7 =   3 · 7 =   1 · 7 =   4 · 7 =   9 · 7 =   8 · 7 =

4

9 · 7   7 · 4   3 · 7   63   7 · 6   28

6 · 7   21   7 · 9   4 · 7   7 · 3   42

Einmaleins mit 7

Einmaleins mit 7

1

9 · 7 =	6 · 7 =	3 · 7 =	5 · 7 =
7 · 9 =	7 · 6 =	7 · 3 =	7 · 5 =
2 · 7 =	4 · 7 =	8 · 7 =	0 · 7 =
7 · 2 =	7 · 4 =	7 · 8 =	7 · 0 =

2

7 · ☐ = 49	7 · ☐ = 21	7 · ☐ = 35	7 · ☐ = 14
7 · ☐ = 7	7 · ☐ = 63	7 · ☐ = 42	7 · ☐ = 28
☐ · 7 = 14	☐ · 7 = 0	☐ · 7 = 21	☐ · 7 = 63
☐ · 7 = 28	☐ · 7 = 56	☐ · 7 = 49	☐ · 7 = 35

3

· 7		· 7		· 7		· 7	
3		2			70		56
7		0			21		7
5		6			49		28
8		9			14		63

4

50

1

7 · 7 =	3 · 7 =	5 · 7 =	7 · 1 =	7 · 6 =	7 · 3 =
6 · 7 =	1 · 7 =	0 · 7 =	7 · 5 =	7 · 4 =	7 · 8 =
2 · 7 =	9 · 7 =	4 · 7 =	7 · 9 =	7 · 2 =	7 · 10 =

2

| 42 = ☐ · 7 | 21 = ☐ · 7 | 63 = ☐ · 7 | 14 = ☐ · 7 | 0 = ☐ · 7 | 35 = ☐ · 7 |
| 14 = ☐ · 7 | 70 = ☐ · 7 | 56 = ☐ · 7 | 7 = ☐ · 7 | 28 = ☐ · 7 | 49 = ☐ · 7 |

3

| 6 · 7 = | 3 · 7 = | 5 · 7 = | 0 · 7 = | 8 · 7 = | 2 · 7 = |
| 42 : 7 = | 21 : 7 = | 35 : 7 = | 0 : 7 = | 56 : 7 = | 14 : 7 = |

| 1 · 7 = | 4 · 7 = | 9 · 7 = | 7 · 7 = | 10 · 7 = |
| ☐ : 7 = 1 | ☐ : 7 = 4 | ☐ : 7 = 9 | ☐ : 7 = 7 | ☐ : 7 = 10 |

4

Wie viele Teller sind es zusammen?

Es sind zusammen ☐ Teller.

Wie viele Tage sind es zusammen?

Es sind zusammen ☐ Tage.

Einmaleins mit 7

Quadratzahlen – Einmaleinstafel

1
0 · 0 =
1 · 1 =
2 · 2 =
3 · 3 =
4 · 4 =
5 · 5 =
6 · 6 =
7 · 7 =
8 · 8 =
9 · 9 =
10 · 10 =

2
2 · ___ = 4
5 · ___ = 25
6 · ___ = 36
1 · ___ = 1
9 · ___ = 81
7 · ___ = 49
10 · ___ = 100
8 · ___ = 64
3 · ___ = 9
0 · ___ = 0
4 · ___ = 16

3

·	0	1	2	3	4	5	6	7	8	9	10
0	0										
1		1									
2											
3											
4											
5											
6											
7											
8											
9											
10											

4
4 · 4 =   5 · 5 =   6 · 6 =   7 · 7 =   8 · 8 =   9 · 9 =
5 · 4 =   6 · 5 =   7 · 6 =   8 · 7 =   9 · 8 =   10 · 9 =
6 · 4 =   7 · 5 =   8 · 6 =   9 · 7 =   10 · 8 =   0 · 9 =

1

5 · 6 =	4 · 5 =	5 · 7 =	6 · 4 =	5 · 3 =	5 · 4 =
6 · 6 =	5 · 5 =	6 · 7 =	5 · 4 =	4 · 3 =	4 · 4 =
8 · 3 =	2 · 7 =	4 · 8 =	5 · 9 =	6 · 8 =	8 · 6 =
9 · 3 =	3 · 7 =	5 · 8 =	4 · 9 =	5 · 8 =	9 · 6 =

2

| 6 · 2 = | 6 · 7 = | 6 · 4 = | 6 · 3 = | 6 · 5 = |
| 5 · 2 + 2 = | 5 · 7 + 7 = | 5 · 4 + 4 = | 5 · 3 + 3 = | 5 · 5 + 5 = |

3

| 9 · 7 = | 9 · 4 = | 9 · 3 = | 9 · 9 = | 9 · 2 = |
| 10 · 7 − 7 = | 10 · 4 − 4 = | 10 · 3 − 3 = | 10 · 9 − 9 = | 10 · 2 − 2 = |

4

·	7	3	2	6
10				
5				
8				
2				

·	9	5	4	8
10				
5				
8				
2				

·	6	1	9	10
10				
5				
8				
2				

Vermischte Übungen

M — Vermischte Übungen

1 ·4

5	20
	16
	24

·2

	10
	12
	18

·9

	54
	81
	63

2 ·5

	35
	40
	25

·7

	7
	49
	63

·8

	32
	16
	40

3 :7

70	10
14	
49	
56	
63	
35	

:9

36	
45	
27	
63	
54	
72	

:8

16	
24	
8	
40	
56	
64	

4 :5

40	
	6
35	
	1
45	
	5

:3

12	
	3
18	
	9
21	
	8

:6

54	
	2
30	
	6
48	
	7

5

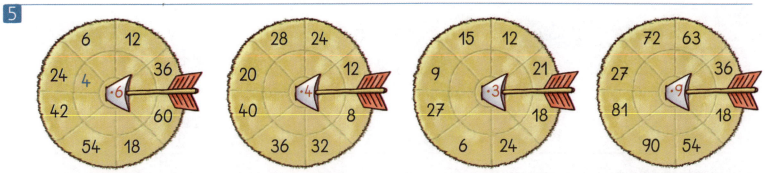

1. Auflage   1 8 7 6 | 21 20 19

Alle Drucke dieser Auflage sind unverändert und können im Unterricht nebeneinander verwendet werden. Die letzte Zahl bezeichnet das Jahr des Druckes.
Das Werk und seine Teile sind urheberrechtlich geschützt. Jede Nutzung in anderen als den gesetzlich zugelassenen Fällen bedarf der vorherigen schriftlichen Einwilligung des Verlages. Hinweis § 52 a UrhG: Weder das Werk noch seine Teile dürfen ohne eine solche Einwilligung eingescannt und in ein Netzwerk eingestellt werden. Dies gilt auch für Intranets von Schulen und sonstigen Bildungseinrichtungen. Fotomechanische oder andere Wiedergabeverfahren nur mit Genehmigung des Verlages.

© Ernst Klett Verlag GmbH, Stuttgart 2016. Alle Rechte vorbehalten. www.klett.de

Autorin: Stefanie Erdmann, Hagen

Redaktion: Franziska Siebel, Seeheim
Herstellung: Gundula Wanjek-Binder, Hannover

Layoutkonzeption: know idea gmbh, Freiburg
Illustrationen: Angelika Citak, Wipperfürth; Anke Fröhlich, Leipzig; Liliane Oser, Hamburg; Wolfgang Slawski, Kiel; Hela Woernle, Hannover
Umschlagillustration: Anke Fröhlich, Leipzig
Satz: typotext, Mühlacker
Druck: Medienhaus Plump GmbH, Rheinbreitbach

Printed in Germany
ISBN 978-3-12-160036-6